…JOR DE L'ARMÉE

…e Bureau

CONFIDENTIEL

ENSEIGNEMENTS

DE LA

# GUERRE RUSSO-JAPONAISE

## *Note n° 13. — Tactique de combat de l'Artillerie.*

*Avril 1906*

**Exemplaire n°** .................... **remis à** ....................

État-Major de l'Armée

2e Bureau

**Confidentiel**

Avril 1906

# Enseignements de la guerre russo-japonaise.

## Note N° 13

# Tactique de combat de l'Artillerie



Sommaire — Pages

# Tactique de combat de l'artillerie

## I
## Physionomie générale du combat

D'après le Général Lombard, la physionomie du combat, en ce qui concerne l'artillerie japonaise, peut se résumer ainsi qu'il suit :

1°. Reconnaissance minutieuse de la position ennemie et des emplacements sur lesquels on pourra établir les batteries ; feu de quelques batteries à tir indirect pour amener l'ennemi à répondre et compléter ainsi la reconnaissance.

2°. Engagement de l'artillerie selon les besoins mais presque toujours par fraction d'au moins un groupe.

3°. Dès que la situation s'est précisée, emploi de toute l'artillerie, soit contre l'artillerie adverse soit contre la position ennemie, selon les circonstances et la tournure du combat.

Il n'y a pas à proprement parler de lutte d'artillerie, c'est à dire de phase caractérisée par un duel entre les deux artilleries, à la suite duquel il y aurait définitivement un vainqueur et un vaincu. Si les batteries d'un parti se taisent à un moment donné sur certains points parce qu'elles se sentent en état d'infériorité, ce n'est que momentanément : elles reprennent

le feu ......

le feu quand elles jugent l'instant opportun.
Une canonnade intermittente s'échange ainsi pendant toute la journée, coupée par des pauses parfois assez longues de silence presque complet pour éviter le gaspillage des munitions.

4°- La phase de la préparation de l'attaque est très nettement dessinée; l'artillerie japonaise prend à partie avant tout la position russe, et, accessoirement, l'artillerie ennemie. Le tir est aussi rapide que possible, partie avec shrapnels, partie avec obus à explosif. Cette phase dure en moyenne de 10 à 20 minutes.

5° L'attaque de l'infanterie n'est pas effectivement accompagnée. L'artillerie japonaise change en effet très rarement de position et se tient en général à une assez grande distance de l'ennemi. (3 à 4 kilomètres au moins en pays de plaine). Elle tire aussi longtemps que possible pour frayer la route à son infanterie jusqu'au moment où celle-ci arrive sur la position ennemie, l'atteignant même parfois; puis elle allonge son tir, mais en réduisant l'intensité du feu qu'elle cesse d'ailleurs peu après.
Il est très difficile à l'artillerie d'accompagner l'infanterie; le shrapnel est extrêmement efficace contre l'artillerie en mouvement; il suffit d'ailleurs d'un cheval atteint dans un attelage pour

immobiliser .....

pour immobiliser une voiture assez long-temps.

6°.- Quand la position est occupée, quelques batteries vont s'y établir, mais ce mouvement est exécuté sans empressement, avec beaucoup de précautions et de lenteur.

---

## II
## Prise de contact

La nécessité de reconnaissances minutieuses de la position de l'ennemi et de son observation constante a été maintes fois signalée. La visibilité sur le champ de bataille décroît en raison de l'allongement des tirs et des précautions prises pour échapper au feu. L'obligation de saisir les rares instants pendant lesquels les buts ennemis se découvrent et celle de scruter les points dangereux de la position adverse et les changements qui s'y produisent rendent nécessaire l'organisation d'un service d'observation permanent, portant aussi ses recherches sur le terrain en avant. (Gl. Ivanov)

Avant l'action, la nécessité de la participation des officiers d'artillerie à la reconnaissance générale de la position a été reconnue. Mais l'observation doit être pratiquée par les officiers de toutes armes et de tout grade qui se trouvent en première ligne, comme cela se fit chez les Japonais. (Commandant Payeur)

Le feu est ouvert de plus loin (Général Lombard). Les cheminements défilés acquièrent une importance de premier ordre

Au début de l'engagement, l'artillerie japonaise s'établissait en général derrière

un village......

un village ou un abri naturel et faisait du tir indirect pour effectuer la reconnaissance de la position russe. *Lorsqu'on était fixé sur ce qu'on allait faire, on construisait des épaulements pendant la nuit sur les emplacements fixés pour l'artillerie et on y portait les pièces au petit jour.* (Général Lombard).

Les Japonais refoulaient d'abord les partis avancés sur les avant-postes de l'ennemi, se retranchaient ensuite sur une position en face des Russes, y construisaient des épaulements pour leurs batteries et partaient de là pour attaquer certains points de la position ennemie. (Commandant Payeur). *On amorçait l'artillerie russe pour qu'elle dévoilât ses emplacements.*

---

# III
## Engagement de l'artillerie

Proportion d'artillerie engagée. - Artillerie en réserve. - Il faut engager dès le début toute l'artillerie disponible, sans en garder en réserve. Cela n'implique pas la nécessité d'ouvrir immédiatement le feu avec toutes les batteries, mais la possibilité de le faire en les ayant toutes en ligne.

Les Japonais ne gardèrent jamais d'artillerie en réserve. (Commandant Payeur) Dans toutes les rencontres, ils engagent dès le début toute leur artillerie. A Vafangou, ils tiraient par groupes, chacun des groupes concentrant son feu sur une batterie russe.

Les Russes, malgré leur infériorité numérique en artillerie au début de la guerre, n'emploient même pas tout ce qu'ils ont sous la main. A Vafangou, en dépit de l'écrasante supériorité des Japonais, ils gardent une partie de leurs pièces en réserve. Dans la retraite sur Tatchitsao, à Kintcheou, la 9e Division n'engage que 2 de ses 4 batteries. A Tatchitsao, les Japonais avaient sensiblement 3 fois plus d'artillerie que les Russes; malgré cela, ceux-ci laissent des batteries en réserve qui demeurent complètement inactives. (Général Silvestre) Même chose au Chaho: sur les 13 batteries du XVIIe Corps, 8 demeurent témoins passifs

de la......

de la défaite de leur corps d'armée (12 octobre).

Il est essentiel de préparer le plus grand nombre possible de batteries, dès le début du combat, à ouvrir immédiatement le feu dans une quelconque des directions les plus probables de l'attaque, ces batteries étant elles-mêmes bien cachées (position de surveillance). (Général Ivanov)

L'artillerie non désignée pour repousser les attaques pour battre les accès immédiats et les pentes tournées du côté de l'ennemi devra, pour les tirs aux grandes et aux moyennes distances, se placer en arrière des crêtes des hauteurs, ou derrière les autres couverts du terrain, pour que les batteries soient complètement masquées. (Général Ivanov)

Tir direct - Tir masqué - Tir indirect. -

Une autre note, (N° 12) traitant de l'occupation des positions, a exposé les enseignements de la guerre relativement au genre de tir à employer suivant les circonstances. On les rappelle sommairement ici :

1°- Le tir direct s'impose presque toujours lorsqu'il s'agit de défendre le terrain des attaques incliné du côté de l'ennemi ; il est le plus fréquent chaque fois que l'on doit pouvoir parer rapidement à des situations nouvelles, changer

fréquemment .....

fréquemment d'objectifs, suivre des buts qui se déplacent. C'est le plus maniable le plus efficace, mais son emploi est très souvent rendu impossible par les dangers d'écrasement qui en résultent en face de l'artillerie ennemie. Suivant que les nécessités d'action ou de protection seront prépondérantes, on l'emploiera ou on devra recourir à un tir masqué.

2°- Le tir masqué (celui dans lequel le même officier commande directement la batterie à la voix et observe lui-même les points d'éclatement) participe des avantages du tir direct (facilité de commandement et d'observation) et du tir indirect (protection aux vues par suite du défilement des pièces). Il est plus maniable et plus efficace que le tir indirect; il est moins dangereux que le tir direct, ne laissant voir à l'ennemi que de simples lueurs sur lesquelles le réglage du tir est toujours plus ou moins difficile. C'est le genre de tir le plus ordinairement employé et dont se servirent presque exclusivement les Japonais.

3°- Le tir indirect, exécuté par des batteries qui s'établissent complètement en arrière des crêtes, est celui qui donne de beaucoup la plus grande protection; les pertes ne sont plus causées que par des coups de hasard. Mais par contre les

difficultés ......

difficultés considérables de commandement et d'observation en rendent l'efficacité très-médiocre et en restreignent considérablement l'emploi. Ce tir doit être réservé pour aider aux reconnaissances de la position ennemie en provoquant le canon adverse, ou dans tous les cas où une artillerie très inférieure est obligée de lutter contre des forces très supérieures. (retraites, etc.).

Groupement de l'artillerie. - L'artillerie russe fut constamment employée en ordre dispersé. Il n'y eut pas coordination des efforts des batteries par suite de l'insuffisance du commandement. La batterie russe était l'unité tactique; elle opérait toujours isolément; il n'y avait pas d'échelon au-dessus d'elle.

Les Japonais, au contraire, obtinrent de grands effets en agissant par masse et en coordonnant l'action de toute l'artillerie engagée au moyen de leur système très complet de liaisons sur le champ de bataille.

(Cette question a été détaillée dans la note N° 11 sur l'Organisation de l'artillerie.)

---

## IV
## Action de l'artillerie

L'action de l'artillerie se manifeste par une série d'engagements intermittents, soit entre les deux artilleries, soit par le tir des batteries d'un parti contre l'infanterie ou les positions du parti adverse.

Comme il a été dit ci-dessus, on ne voit plus se produire la lutte d'artillerie classique; en général aucune des deux artilleries ne réussit à éteindre l'autre complètement.

Concentration des feux. – De part et d'autre les officiers des missions signalent la nécessité, pour obtenir des effets marqués, d'employer la concentration des feux de nombreuses batteries sur un point déterminé, le tir dispersé ne donnant rien.

D'autre part, on cite à Liao-Yang le cas d'une seule pièce russe, à tir direct, tirant 1000 coups en 4 heures et arrêtant à elle seule tous les assauts des colonnes japonaises. Si un seul canon, à tir accéléré, servi par des servants russes sous la conduite d'un sous-officier, peut donner de tels résultats, on peut imaginer les effets que l'on pourrait obtenir avec un personnel instruit servant une batterie de canon à tir rapide. Il semble donc qu'il y ait contradiction avec les constatations ci-dessus.

On .....

On peut se demander s'il ne s'agit pas surtout de l'efficacité de la convergence des feux, convergence qui est nécessairement réalisée lorsque de nombreuses batteries, occupant un front forcément étendu, tirent sur un même point. L'efficacité de la convergence des feux, elle, n'est pas en discussion ; ses effets sont considérables et proviennent de ce que les coups d'écharpe rendent les boucliers des pièces inutiles et atteignent derrière les abris les défenseurs des villages.

L'importance des résultats serait donc peut-être à chercher moins dans l'accumulation des moyens d'action que dans l'espacement bien compris des batteries dont on dispose, de manière à obtenir la convergence des feux sur les divers points attaqués successivement.

Cela suppose nécessairement l'exercice d'un commandement d'artillerie bien organisé.

Tir d'écharpe.- L'un des procédés les plus efficaces contre une ligne d'artillerie consiste à mettre en action obliquement à sa ligne de tir une ou plusieurs batteries, portées en position sans être vues, et ouvrant le feu en dehors de la zône possible de l'observation ennemie. (Général Silvestre). Cette constatation semble confirmer les observations précédentes.

La concentration....

La concentration des feux, provenant ou non de l'action de masse, fait l'objet de nombreuses remarques dans les rapports des missions :

"L'artillerie n'obtient de résultats sérieux que par l'action en masse et la concentration des feux." (Général Silvestre)

"La lutte d'artillerie n'avait pas de grands résultats matériels. Peu de batteries russes ont été réduites réellement au silence. Quelques unes ont cependant beaucoup souffert parce que de nombreuses batteries japonaises avaient concentré leurs feux sur elles et qu'elles s'étaient parfois trouvées prises d'écharpe ou d'enfilade." (Ct Tayeur)

"D'une manière générale, on ne peut espérer faire taire l'artillerie adverse ; ce résultat n'est possible que pour quelques batteries seulement ; on éteint les plus gênantes en concentrant sur elles un feu suffisant ; mais il ne faut pas disperser le feu sur tout le front." (Comt Tayeur).

"Les grands effets de l'artillerie japonaise semblent toujours avoir été le résultat de la concentration des feux de plusieurs batteries." (Général Silvestre)

En résumé, il semble que l'on doive simplement conclure à la nécessité de faire du tir concentrique contre les divers buts, notamment contre les batteries à contrebattre et contre les villages à faire évacuer.

Liaison avec l'infanterie. - Le principe qui doit dominer tout dans le rôle de l'artillerie c'est la

nécessité... -

nécessité absolue de lier intimement son action à celle de l'infanterie. La progression de l'infanterie, voilà le but ; l'artillerie doit y aider de tout son pouvoir, tout le reste devant être subordonné à cette idée directrice.

Cette doctrine, inscrite dans nos règlements, a été confirmée par les évènements de la dernière guerre.

La lutte contre l'artillerie adverse n'est donc qu'un moyen, un accessoire plus ou moins important, pour permettre à l'infanterie amie d'avancer dans de meilleures conditions.

"L'artillerie japonaise, ayant peu à faire contre l'artillerie russe trop éloignée ou invisible dans les dernières phases de l'action, canonnait l'objectif de l'attaque avec un grand nombre de pièces jusqu'à ce que l'infanterie japonaise se fut rapprochée à très courte distance (variable selon les pentes). Les commandants de l'infanterie d'attaque insistaient souvent pour que l'artillerie tirât jusqu'au dernier moment au risque de l'atteindre. La ligne des tirailleurs japonais se distinguait au moyen de petits drapeaux portés par un certain nombre d'hommes. (Commandant Payeur).

**Mobilité de l'artillerie.** - La nécessité de lier intimement l'action de l'artillerie à celle de l'infanterie entraîne pour l'artillerie l'obligation de changer de position, de se porter

aux .....

aux distances efficaces.

Mais l'expérience a prouvé l'impossibilité presque absolue de montrer à l'ennemi de l'artillerie en mouvement sous peine de destruction presque assurée.

Pour concilier cette constatation avec l'obligation visée à l'alinéa précédent, on devra faire des changement de position par des itinéraires défilés seulement ou alors de nuit en cas d'impossibilité de déplacements à couvert. (Toutefois certains déplacements de batteries purent s'effectuer à découvert en procédant par voitures isolées, le but paraissant probablement de trop faible importance pour déterminer le feu de l'artillerie adverse).

"Les Japonais n'ont presque jamais déplacé, pendant le jour, de batteries de campagne pour appuyer de plus près l'attaque de leur infanterie, sauf quand on avait mordu sur la ligne ennemie. Encore dans ce dernier cas, les retours offensifs des Russes étaient-ils surtout repoussées par l'infanterie aidée de mitrailleuses. Il est difficile de faire changer de position les batteries de campagne; les précautions à prendre pour le faire prennent beaucoup de temps. La nuit était mise à profit pour faire les déplacements d'artillerie nécessités par la situation." (Ct. Payeur)

"..... Une fois sur ses emplacements d'où, en général elle faisait du tir direct,

l'artillerie.....

l'artillerie japonaise n'en bougeait plus guère et par suite n'était pas en situation de soutenir son infanterie dans la plupart des cas : d'où les pertes énormes subies par l'infanterie japonaise."

(Général Lombard)

"L'artillerie japonaise resta trop rivée au sol et n'agit pas suffisamment en liaison avec l'infanterie." (Gal. Lombard)

Du côté de l'artillerie russe, la mobilité des batteries était encore moins grande.

"L'artillerie doit être excessivement manœuvrière, sous ce rapport les Russes ont été inertes et les Japonais timides. Il faudra toujours s'approcher le plus possible et saisir toute occasion de gagner une position meilleure. En général, l'artillerie ayant révélé sa présence par son tir ne devra pas conserver par la suite la même position." (Général Silvestre)

"L'artillerie russe ne changeant jamais de position, ses emplacements étaient repérés par les Japonais qui tout à coup ouvraient dessus un feu inopiné et acquéraient de suite la supériorité avant que les Russes ne sussent d'où venaient les coups."

(Général Silvestre)

"L'artillerie russe ne sut pas se porter aux distances efficaces, ni changer de position .....

de position. Elle n'occupa généralement qu'une seule position dans la même journée." (Général Silvestre).

"On est frappé du peu de mobilité des batteries russes, et, parfois, des batteries japonaises. Au combat de Lagoouline (31 juillet 1904), l'engagement dure de 4h ½ du matin à 8h du soir; pendant tout ce temps, 16 pièces russes mises en batterie dès la veille derrière des épaulements de campagne soutiennent la lutte et résistent sans changer de position, à 24 pièces japonaises qui conservent aussi la même position." (Général Silvestre)

"On trouve de nombreux exemples de la permanence des positions et de la longue durée de la lutte d'artillerie, conséquences (qui semblent paradoxales) de la puissance du feu, car on s'abrite si bien que la destruction devient très difficile dans ce jeu de cache-cache. A Liao-yang, aucune des batteries du 1er Corps sibérien n'était en mesure par sa position, de battre le terrain des approches japonaises; aucune ne chercha à changer de place; 2 pièces seulement furent portées le 30 Août sur les crêtes pour secourir l'infanterie russe." (Général Silvestre

Si cette stabilité dans les positions a pu parfois se légitimer par les circonstances, elle a, le plus souvent, été funeste à l'ensemble des opérations. Par contre, l'exemple des bons

résultats..................

résultats obtenus par Mitchenko à Tachitsao grâce à la mobilité de ses 4 petites pièces de montagne montre ce que l'on peut obtenir avec une artillerie manœuvrière. Ces pièces, dissimulées dans le sorgho et amenées à bonne portée du flanc de 3 batteries japonaises les neutralisèrent pendant une grande partie de la journée, échappant à leur tir par des déplacements latéraux, et ne se retirant que devant l'intervention finale de deux bataillons d'infanterie.

"En pays de montagne et notamment dans les opérations du Général Rennenkampf, au nord du Yalou, l'artillerie à cheval n'a pu suivre sa cavalerie; elle fut rapidement épuisée et dut rester en arrière." (Général Silvestre)

Déplacements latéraux à bras.. Soutiens de l'artillerie.

On a maintes fois signalé l'utilité des déplacements latéraux à bras, pour échapper aux coups d'une artillerie ennemie qui a réglé son tir sur une batterie. Ce mouvement échappant facilement à l'ennemi, celui-ci continue à tirer inutilement, quelquefois fort longtemps, sur l'ancien emplacement vide.

La nécessité de ces déplacements sous le feu amena les Russes à affecter à chaque batterie deux compagnies



responsables ....

responsables d'elle, de sa mise en batterie à bras sur les hauteurs peu accessibles, de sa défense, de sa conservation, de son enlèvement du champ de bataille et du transport à bras des munitions." (Général Silvestre)

"Quand une batterie japonaise était soumise à un tir efficace, elle se taisait; les servants s'abritaient et la batterie reprenait le tir ensuite. Les batteries russes se déplaçaient parfois latéralement quand le tir était réglé sur elles." (Général Lombard)

L'artillerie japonaise n'avait pas de soutiens spéciaux.

Surveillance de l'artillerie éteinte. - <u>Une batterie éteinte n'est pas nécessairement mise hors de cause.</u> Vu les faibles résultats obtenus en général sur le matériel, le personnel d'une batterie atteinte par un tir bien réglé doit se terrer derrière ses abris et laisser passer l'orage, après quoi le service peut ordinairement recommencer. Le silence d'une batterie peut même n'être qu'une simple feinte pour tromper l'ennemi et lui faire croire que le réglage est bon. Les Japonais se sont servi plusieurs fois de ce stratagème.

On constata d'ailleurs dans divers engagements que des batteries

éteintes....

éteintes par l'artillerie adverse se rallumaient lorsqu'elles étaient laissées à elles-mêmes.

Une artillerie battue doit donc être surveillée par une fraction de l'artillerie victorieuse. (Général Silvestre)

Préparation de l'attaque. – La durée de l'action de l'artillerie pendant la préparation de l'attaque fut très variable, allant de plusieurs heures à plusieurs jours, avec une intensité variant selon les intentions du commandement. Le feu se partageait entre l'artillerie russe et les tranchées[1] » (Commandant Payeur)

Dans cette préparation, l'artillerie de l'attaque doit d'abord éteindre les batteries de la défense qui pourraient gêner la progression de l'infanterie, puis prendre comme objectif la position même à enlever (obstacles, tranchées ennemies, etc.) pour frayer le passage à l'infanterie amie.

Défense des positions. – A l'action de l'artillerie de l'attaque, l'artillerie de la défense doit d'abord répondre en essayant de saisir la supériorité du feu, ou, si elle est la plus faible, en prenant ses dispositions pour pouvoir, au moment décisif, balayer de ses feux les abords de la position à défendre, de manière à arrêter l'infanterie ennemie.

(1) Le Général Lombard, qui assigne 10 à 20 minutes à cette préparation, n'attribue évidemment pas le même sens que le Ct. Payeur à cette expression ; il vise la dernière phase seulement de la préparation, celle qui précède immédiatement l'assaut.

Dans ce rôle, si l'artillerie de la défense s'attarde trop à tirer, elle peut se faire prendre par l'ennemi; si elle se retire loin derrière l'infanterie pour échapper à cette menace, son action diminue d'autant. *Il faut prendre son parti et se résigner à des pertes matérielles si l'on veut défendre énergiquement ses positions.*" (Commandant Cayeux)

Avec du matériel pourvu de boucliers, l'artillerie peut tirer jusqu'au dernier moment, même si elle est vue et battue par une artillerie supérieure; mais dans ces conditions, elle a peu de chance de pouvoir battre en retraite."

(Général Lombard)

Dans la défense des positions, les Russes surent rarement placer des batteries battant le terrain des attaques.

(Général Silvestre)

---

## V
## Résultats du tir de l'artillerie.

Les Effets du tir de l'artillerie ont été signalés dans la note N° 10; on peut les résumer ainsi :

Grands effets du tir à shrapnels contre le personnel, contre les troupes découvertes ou forcées de se découvrir sous la menace de l'attaque, contre les attelages en mouvement.
(Commandant Payeur)

Résultats presque nuls du tir à shrapnels contre du personnel abrité, contre le matériel, contre les obstacles.

L'obus explosif produit surtout un effet moral; il est moins dangereux pour les troupes que le shrapnel.

Quel que soit le projectile employé, il faut renoncer dans la guerre de campagne à l'idée de faire du tir à démolir.
(Commandant Payeur)

Le % des pertes produit par le feu de l'artillerie n'est pas encore fixé; dans la première Armée japonaise, il fut de 13,3 % pour toute la campagne (L^t C. Corvisart)
Ce pour cent fut notablement plus grand à Moukden (15,8 %) qu'au début de la

campagne ......

campagne; la raison en est vraisemblablement que les Russes commençaient à se servir d'une façon plus satisfaisante de leur matériel à tir rapide.

Les canons courts de gros calibre sont presque sans effet contre des ouvrages sans profondeur (ouvrages de campagne), à cause du manque de précision de ces pièces." (Commandant Payeur).

Les canons longs de fort calibre produisent quelques effets de destruction; ils peuvent être utilement employés dans la lutte d'artillerie (Commandant Payeur). Leur efficacité est due à leur grande portée plutôt qu'à la puissance de leurs projectiles. (Général Silvestre).

L'effet moral de l'artillerie lourde est déprimant pour l'adversaire et exaltant pour l'assaillant. Le seul projectile à employer est l'obus explosif de 15 Cm au moins. (Général Lombard)

L'artillerie n'a pas produit de grands effets, mais son importance morale serait plus grande avec des troupes plus nerveuses; il ne faut donc pas tirer de la guerre de Mandchourie des conclusions trop absolues sous ce rapport. (Commandant Payeur)

L'importance de l'artillerie s'est

grandement .....

grandement accrue ; d'où l'obligation d'avoir la supériorité en cette arme. (Gal. Silvestre)

Cette guerre a montré que le rôle de l'artillerie avait considérablement augmenté. La portée considérable, la précision de ses canons, la puissance de ses projectiles obligent à se déployer de loin, à se cacher, à se retrancher, à n'avancer que prudemment à attendre la nuit quelquefois pour franchir les zônes très battues. (Commandant Payeur)

Les artilleries russes et japonaises ne disposaient que de matériels très inférieurs au nôtre ; elles ont été employées avec timidité, il parait donc très probable que dans une guerre européenne entre armées munies de matériel à tir rapide, les effets produits par l'artillerie seraient notablement plus considérables qu'en Mandchourie.

---

## VI
## Résumé - Conclusions

Les conclusions que l'on peut tirer de ce qui précède semblent pouvoir se résumer ainsi :

Nécessité d'un service minutieux de reconnaissance et d'observation de la position de l'ennemi et du terrain en avant.

Emploi de quelques batteries faisant d'abord du tir indirect pour provoquer l'artillerie adverse et compléter ainsi les reconnaissances.

Mise en ligne de toute l'artillerie disponible dès que la situation est suffisamment déterminée. Ne pas garder d'artillerie en réserve.

Emploi du tir direct pour défendre le terrain des attaques, pour suivre des buts mobiles, pour parer à de nombreux changements d'objectifs, et, en général, dans toutes les circonstances où il est possible de le faire sans trop de risques.

Emploi généralisé du tir masqué lorsque le tir direct n'est pas possible.

Emploi du tir indirect au début

des - . . . .

des engagements comme moyen de reconnaissance, ou dans les circonstances imposant absolument une grande circonspection.

Concentration et convergence des feux sur les points en lesquels on veut obtenir un résultat réel. Le tir dispersé ne donne rien.

Avantage des tirs obliques ou d'écharpe dans la lutte contre une ligne d'artillerie.

Pour éteindre les batteries ennemies, concentrer successivement le feu des unités à proximité sur celles qui sont le plus gênantes.

Avant tout, l'artillerie doit lier son action à celle de l'infanterie. Tout autre but doit être subordonné au souci de favoriser la progression de l'infanterie amie.

L'artillerie ne peut se mouvoir à découvert devant les batteries adverses, sous peine de destruction très rapide.

L'artillerie ne peut changer de position que par des itinéraires défilés, et, s'il ne s'en trouve pas, de nuit seulement. On peut tenter de le faire à découvert par voitures isolées. Ce procédé a été employé quelquefois avec succès.

L'artillerie .......

L'artillerie doit être exercée à déplacer ses batteries latéralement, à bras, pour échapper à un tir de l'ennemi bien réglé.

Une batterie atteinte se tait ; son personnel s'abrite ; on reprend plus tard le tir au moment favorable.

Une partie de l'artillerie victorieuse doit surveiller les batteries éteintes de l'ennemi pour les empêcher de se rallumer.

L'artillerie à boucliers peut continuer à tirer jusqu'au dernier moment pour aider à la défense des positions ; elle doit prolonger son concours à l'infanterie tant qu'il est nécessaire, au risque de perdre du matériel.

L'artillerie doit renoncer au tir à démolir ; ses effets matériels sont peu importants, ses résultats contre le personnel abrité sont presque nuls ; par contre le tir à shrapnels contre le personnel découvert ou les attelages en mouvement donne rapidement des résultats importants.

Pour que l'artillerie à tir rapide donne tous ses effets, il est essentiel que l'instruction du personnel soit aussi complète que possible. La spécialisation de l'artillerie de campagne semble s'imposer.

L'artillerie doit être exercée à tirer aux grandes distances.

www.ingramcontent.com/pod-product-compliance
Ingram Content Group UK Ltd.
Pitfield, Milton Keynes, MK11 3LW, UK
UKHW032026260826
14628UKWH00006B/2747

9 782019 224998